AF248477

AUX

Habitants des Campagnes

ÉLECTIONS DE 1881

PAS D'ABSTENTION

Par J. BERTRAND

Ancien chef de bataillon de mobiles des Deux-Sèvres

SEGRÉ

IMPRIMERIE DE MARTIN-GUÉRET

1881

AVIS

—

La vérité, d'après bien des bonnes gens, n'est pas toujours bonne à dire. Comme je la dis toute et crûment dans ce petit opuscule, et à toutes les classes de la société, je m'attends à une avalanche de censure et de dédain. Le bon sens des gens de la campagne auxquels je m'adresse, saura rendre justice à qui de droit ; je ne serai sensible qu'à leur jugement. Mon but est de semer quelques bonnes idées parmi eux, de les prémunir contre les libérassiers qui préparent les révolutions, les idéologues qui les enfantent et les hâbleurs qui mettent la masse une fois corrompue en ébullition.

Ce but atteint, les censeurs de la forme et du fonds de ce petit écrit peuvent s'en payer à cœur joie.

Habitants des Campagnes

ÉLECTIONS DE 1881

PAS D'ABSTENTION

I

J'ai pensé, mes amis, que toute personne qui en avait le loisir, de quelque manière qu'elle sût tenir une plume, devait écrire ses meilleurs conseils pour les élections de 1881.

J'ai remarqué aussi que tous les publicistes chérissaient principalement la ville, soit qu'ils y trouvent un plus grand nombre d'oisifs, soit qu'ils fassent fi de ce qu'ils appellent votre manque d'instruction.

Il suffit, vous savez, d'être citadin pour se targuer d'une dose d'intelligence bien supérieure à celle des gens de la campagne.

Ils ignorent que la masse, chez eux comme chez nous, ne peut être savante (elle n'a pas plus que nous le temps d'étudier), et que la raison populaire, c'est-à-dire le discernement du vrai, du bon et de l'utile, est plus saine chez vous, dégagée d'une foule de passions dont elle est le jouet dans les grands centres ; puis ils ne veulent rien écrire sans grands mots ni belles phrases, comme si la vérité n'était pas plus belle à son état naturel, c'est-à-dire sans ornement ; enfin, pour ce qui est des élections, sujet qui nous occupe, ils se flattent, au moment venu, de vous faire trouver au fond d'un verre le vote de leur choix.

Moi qui vous connais, qui vous aime, qui vis au milieu de vous, qui ai partagé vos labeurs, sué de vos sueurs quand je n'ai pas sué de celles des camps, je viens aujourd'hui relever le gant pour vous.

On juge, vous le savez, les autres à son aune. Vous avez sans doute appris qu'il y avait au Palais-Bourbon, splendide demeure de M. Gambetta, fils d'un modeste épicier, ancien hâbleur du quartier latin, aujourd'hui, par la grâce de vos suffrages, président de la Chambre législative, un célèbre cuisinier du nom de Trompette, au modeste salaire de vingt mille francs d'appointements, maî- tre passé en sauces fines et en mets suc- culents ; le susdit Trompette héberge tous les jours, en vue des élections, des fournées de convives, parmi lesquels surtout beaucoup de députés ; si vous prenez vos votes au fond d'un verre, les députés les prennent au fond d'un plat ; Gambetta les prend, dit-on, par le ven- tre ; ils encourent cette sentence : *Deus quorum venter est* ; ils font leur dieu de leur ventre. Le fait est qu'ils n'en pro- clament point d'autre, et que tous leurs agissements tendent à la négation du

Dieu vrai ; ils comptent partout et en tout sans lui ; s'ils ordonnent des prières, c'est qu'ils n'osent braver et immoler d'un coup la conscience de plus de trente millions de catholiques français ; s'il leur passe la velléité d'y paraître, ils marchandent à la piété des fidèles, comme naguère le trop fameux Constans, une légère inclination de tête au moment où le Saint des saints, le Roi des Rois, Celui qui d'un mot peut réduire en poudre les républiques et les empires, descénd sur nos autels. Enfin, chers lecteurs, ce n'est point une critique de ces hommes qui m'a engagé à ce petit entretien. Je crois avoir vengé cette grossière calomnie ; revenons à notre sujet.

PAS D'ABSTENTION.

Vous êtes, je suis sûr, comme moi, fort peu fiers de ce nouveau titre qu'on vient de vous faire usurper : de peuple souverain ; il faut cependant l'accepter. Or, ce fameux titre nous donne des droits ; mais il nous crée des devoirs. Tout droit, chers lecteurs, implique un devoir. Dans l'ivresse de nos droits, nous oublions que ces droits sont en même temps des charges ; or, le droit de voter implique le devoir d'aller au scrutin. Revenant récemment de brandir mon épée et point du tout peureux de la brandir encore, je me disais au moment du scrutin : Que m'importe qui sorte de leurs boîtes ; s'ils veulent la guerre, je suis encore tout prêt ; s'ils veulent le désordre, ça finira peut-être d'épurer les

opinions ; bref, je faisais comme beaucoup d'entre vous avez fait sans doute :
je m'abstenais. Faisons ensemble notre
mea culpâ ; une rechute aux élections
prochaines serait irrémédiable.

Dites-moi, chers amis, par nos abstentions n'aurions-nous point été quelque peu crocheteurs à l'exécution des
moines? Nous avons par là contribué à
placer au pouvoir ces hommes qui ont
forcé les cellules de ces saints religieux,
brisé leur hère et leur cilice ; ces hommes
qui les ont traînés dans la rue, chassés
du sol natal, menacés dans leurs vœux.
L'observance des conseils évangéliques
vient d'être interdite en France ; les ma-
cérations et les prières des moines ont
fait trembler le pouvoir. Ça vous paraît

étrange, et cependant ça s'explique. Cent fois le jour, autant la nuit, les moines demandaient à Dieu que sa volonté s'accomplisse ; or, la République n'en doute pas, ce n'est pas de par la volonté de Dieu qu'elle règne en France ; la volonté de Dieu, voyez-vous, est l'essence du bien, elle est le vouloir du bien par excellence, et la République est le vouloir du mal ; du mal de l'Eglise, du mal de la famille, du mal de la patrie ; témoins les horreurs de 1793, les barricades de 1848, la Commune de 1871 et les exécutions de 1880, en attendant les catastrophes dont nous avons de si tristes présages. Je crains aussi, mes amis, que nous ayons été par nos abstentions des demi-casseurs de christ et briseurs d'images. Un jour qui n'est pas loin, un préfet de Paris réquisitionnait un tombereau destiné au transport des balayures de la ville, l'attelage se dirige sur plusieurs maisons d'école, où venaient d'être brisés et foulés aux pieds les christ et les statues de la Vierge. Le tombereau reçoit ces augustes débris, reprend sa route habituelle et va les confondre dans la fosse des immondices. Ce fait ne fut point un fait isolé ; Hérold eut des imitateurs et le pouvoir n'a pas été plus ému. Nous, qui avons laissé établir ce pouvoir sans protester, ne sommes-nous pas des casseurs de christ et des briseurs d'images ? Tout homme a pour mission sur la terre d'empêcher le mal par tous les moyens en son pouvoir. Comment nous sommes-nous abstenus ! Il était au sanctuaire de la justice des magistrats dignes d'éloge et d'exemple, inaccessibles aux insinuations, aux complaisances coupables, des hommes fiers d'exercer au nom de Dieu l'attribut dont il se montre le plus jaloux et qui les associe en quelque sorte à Dieu lui-même, car il leur dit quelque part : *Dii estis* ; juges, vous êtes des dieux ; et le pouvoir a brisé leur carrière. Comment nous sommes-nous abstenus ! Ils ont ravi aux mains de nos généraux ces épées qui brillaient toujours les premières au plus haut point du danger et de l'honneur ; ils condamnaient sans les entendre des généraux intègres, et ils laissaient impunis les pillards de la solde et du pain de nos soldats de 1870. Et nous nous sommes abstenus !

Bientôt peut-être le prêtre sera arraché de l'autel, le sanctuaire souillé de mille orgies, l'encens fumera de nouveau aux pieds de nouvelles déesses à la Robespierre, et comme conséquence le foyer sera saccagé ; celui-ci n'a pas droit à être mieux traité que l'autel. L'autel est l'abri naturel du foyer, le foyer ne survit jamais aux débris de l'autel. Je vous en prie, ne nous abstenons plus, nous serions de grands coupables, des traîtres à l'Eglise, des traîtres à la famille, des traîtres à la patrie.

II

Vous avez donc compris comme moi la nécessité de ne plus vous abstenir ; nous sommes, de ce côté, suffisamment convertis. Il s'agit maintenant d'éclairer nos suffrages. J'ai, comme chacun, une certaine prétention de m'entendre à mon vote ; mais j'aime beaucoup à l'avance y réfléchir sérieusement et surtout prendre conseil de ceux en qui j'ai le plus de confiance.

J'ai ouï dire que certains vagabonds

que vous réchauffez le soir au coin de votre feu exerçaient une certaine influence sur vos votes au temps des élections ; j'ai meilleure opinion de vous, mes amis. Vous savez que les plus beaux discoureurs d'entre eux sont des déclassés quelconques que la paresse a livrés à la misère ; ils maudissent la propriété, préconisent le partage des biens et proclament le gouvernement le plus favorable au désordre pour pêcher dans l'eau trouble ; vous ne voudriez pas vous inspirer des idées de ces communards.

Il paraîtrait aussi que la peur de l'administration exercerait sur vous un certain empire ; mais qu'avez-vous à craindre ? La charrue, qui est votre principale ressource, est indispensable à la France ;

vous ne craignez pas qu'ils vous la ravissent. Ce n'est pas à pareils emplois qu'ils appellent leurs protégés ; les emplois de *far niente* ou de sinécure sourient mieux à ces natures ramollies. Vous n'avez pas non plus à craindre la violence ; ils savent trop bien que le jour où ils utiliseront la main des policiers sur les paysans, le soc de la charrue, la fourche et la faux, tout fera arme, comme au temps de la guerre des géants (c'est ainsi, mes amis, que Napoléon qualifiait la guerre de la Vendée). Vos bœufs et vos grains ne s'en vendront ni plus ni moins cher ; ils vous priveront, comme ils vous en ont privé depuis leur arrivée au pouvoir, de tous les avantages qui ne seraient pas un privilège pour l'habitant des villes. Rappelez-vous les injures, les invectives dont on a assailli naguère vos défenseurs à la tribune.

Les conseillers que je redoute le plus pour vous, mes amis, sont des habitués d'auberges et de cafés que vous rencontrez à vos foires et marchés. Il est dans les villes pas mal de hâbleurs, d'artisans paresseux dont l'unique mission est de corrompre vos suffrages au temps des élections. Ils présentent peu de poison à la fois, afin de ne pas en faire repousser la coupe impitoyablement. Ils appuieront prudemment un petit malentendu de vous à votre curé pour arriver à vous faire mépriser les ministres de la religion ; une autre fois, un mécompte de vous à votre maître pour vous ap-

prendre à mépriser l'autorité et la propriété ; puis l'un de vos enfants, près de
subir la conscription, sera par eux re-
commandé à un député républicain ; un
autre, très-utile à la ferme, devra rentrer
au foyer par leur entremise ; enfin, autant de promesses fallacieuses pour ex-
torquer vos suffrages. N'avez-vous pas
remarqué avec quelle célérité ils rega-
gnent les grands centres une fois élus, et
avec quel dédain ils passent au panier les
demandes de vos protecteurs de cafés ? Il
leur est défendu de vous patronner dans
le cours de leur mandat, et ils ont ordre
de vous combler de promesses aux heures
du scrutin. Dites-moi quel intérêt agri-
cole a pu sensibiliser la République depuis que vous la connaissez ? Serait-ce le

libre-échange, cette institution économique admirable en elle-même, mais qui nous ruine, grâce aux modifications que la République refuse d'apporter au Tarif des Douanes, de peur que les frères et amis d'outre-mer ne suspectent le favoritisme de leur bien-aimée sœur : la République française ; de peur surtout que les inviolables électeurs des grandes villes n'aient pas toutes les grâces de la République, quand l'agriculture devrait en périr. C'est ainsi que l'on sacrifie actuellement chez nous cette indispensable industrie, que Sully appelait la mamelle de la France, et dont se servit Henri IV pour faire le bonheur de tout son bon peuple.

Il est en outre des   mmes fort bien,

2

des érudits, des savants, auxquels je ne voudrais, pour tout au monde, me conseiller en matière d'élection ; par exemple la plupart des médecins. C'est pourtant un élément important de l'élite sociale, que les médecins ; ce sont des hommes intelligents, des hommes qui ont accès partout, qui exercent une mission délicate ; quand ils sont bons, ce sont des apôtres inappréciables en religion et en politique. Il est un certain nombre de médecins qui ont mérité votre confiance à tous égards ; si le pays, instruit de leurs talents, édifié de leurs vertus, leur offre la candidature aux élections prochaines, votre devoir sera de voter pour eux. Mais combien d'autres sont à redouter pour vous. Ils sont généralement entachés de libéralisme politique comme de libéralisme religieux, cette peste, la pire de toutes, au jugement de l'immortel Pie IX ; ils sont en outre matérialistes. Sur ce point, ils sont excusables à leur dire : ils n'ont jamais palpé d'âmes en scalpant les corps. Ils sont tous un peu Didymes, dans ce métier ; je les en excuse, ils font tout d'après les procédés de la méthode d'observation ; mais vu cela, ils sont inexcusables en politique. Ils veulent tout faire par les procédés rationels ou par la force de la raison ; l'histoire, la tradition, rien de tout cela ne compte pour eux. La société est pourtant comme le corps humain, un organisme. Ils ne traitent pas le corps humain par les procédés rationels ; ils ne changeront jamais le cheval, qui est un animal centralisé, en un ver, qui est un animal articulé.

Allons, dispensons-nous des conseils politiques de la plupart de ces médecins, puisqu'ils méconnaissent la tradition et l'histoire, et veulent arriver aux solutions politiques par la science et l'école, ce qui est absurde, surtout de leur part.

Pauvres idéologues de 89, prenez garde que du foyer où vous brûlez l'histoire et les archives des temps passés, ne s'échappent quelques étincelles qui embrasent la France entière en vous brûlant les premiers.

A qui donc nous adresserons-nous ? Aux avocats ? Il y en a de très-bons qui méritent toute votre confiance ; les faibles et les orphelins vous en diront les noms dans chaque pays ; ce sont ces avocats intègres qui n'embrassent que les bonnes causes. Cette profession doit moins que bien d'autres compter avec l'argent. L'amour de l'argent rétrécit le cœur et rapetisse l'esprit, le désintéressement les dilate. Je préfère, par exemple, voir ma cause aux mains de M. de Villebois, avocat à la cour d'appel de Paris, que je sais possesseur d'une magnifique fortune, qu'aux mains d'un avocat obligé de calculer le nombre de ses causes à refuser ou à prendre, d'après la gêne, quelquefois le pain de la maison.

Mais j'en connais un grand nombre, de la trempe de ceux qui fourmillent au pouvoir, que je me garderais bien de vous recommander. Dans un gouvernement parlementaire, tous les ressorts de la machine sont entre les mains de pareils hâbleurs ; dans un gouvernement démocratique, tous les rouages manœuvrent à leur dessein. De pareils avocats, voyez-vous, sont presque synonymes de démocrates. L'avocasserie, c'est-à dire cette partie des avocats indigne de sa noble profession, et la démocratie sont un peu sœurs ; l'une et l'autre portent la même robe et se barbouillent du même fard ; il faut à l'une et à l'autre de grands mots, de grandes phrases. Oyez un peu ce fatras de la phraséologie démocratique que nos avocats du pouvoir prodiguent à pleins poumons : Liberté, égalité, fraternité, science, progrès, état moderne, gouvernement du pays par le pays, libertés nécessaires, couches sociales, avènement des nouvelles couches, etc., etc. Autant de mots creux et vides de sens, entourés de promesses irréalisables, du moins la République est-elle la première à nous le prouver. La France entière, la campagne surtout, a ressenti vivement l'inanité de ces articulations inexpliquées; aussi n'avons-nous qu'à gémir de les voir de plus en plus se substituer à ce langage solennel de nos vieilles monarchies : Religion, propriété, famille, liberté sans licence, progrès matériel serrément escorté du progrès moral, hiérarchie, discipline, sélection, gouvernement pour le peuple et non par le peuple, comme ce gouvernement du meilleur des rois du peuple, du plus démocrate de tous les démocrates qu'enregistra l'histoire, le roi de la poule au pot du peuple, Henri IV, d'auguste et regrettée mémoire.

Ce sera donc aux bourgeois qu'il faudra nous conseiller. A quelques-uns, oui ; à la majorité, non. Fort avisée pour ses intérêts et ses plaisirs, la majorité de la bourgeoisie est d'une inaptitude incomparable en politique ; l'égoïsme et le scepticisme sont le plus bel apanage d'une partie de cette classe, dite dirigeante, de la société depuis 1789. Tous les gouvernements lui sont bons, pourvu qu'ils la laissent entasser et jouir ; elle jouerait volontiers à pile ou face Philippe ou Jérôme, Jérôme ou Gambetta, ainsi de suite. Ils baisent aujourd'hui les pieds de Gambetta, ils baiseraient demain les pieds de Jérôme ou d'un prince panaché d'un libéralisme plus ou moins révolutionnaire. Nous qui ne voulons baiser et ne baiserons jamais que les mains du Roi et la mule du Pape, nous nous garderons des conseils de la plupart de ces bons bourgeois. Un gouvernement fort, personnel, héréditaire, protecteur de la religion, béni par la religion, peut seul sauver la France. Une société, un peuple, ne peut pas plus exister sans religion, disait un grand philosophe des temps passés, qu'une ville ne peut être bâtie dans les airs. Sans religion nous essayerions vaine-

ment de reconstituer la royauté. *Per m-*
reges regnant, a dit le Seigneur ; c'est
par moi que règnent les rois.

Tout à côté reparaît humblement une
vieille école ne tournant le dos à personne, ne tendant la main à aucun, une
espèce d'opinion mixte qui ne sait ni ce
qu'elle veut ni où elle va, entravant les
uns et les autres, conseillant en haut,
rebutée et ne se rebutant point ; sa
grande devise est la modération, son art
est de vouloir arranger tout le monde et
par le fait elle n'arrange personne. « On
ne peut contenter tout le monde et son
curé, » dit le proverbe. Leurs chefs ont,
hélas ! des bouches d'or, ce sont des
héros dans la parole, des maîtres dans
l'art d'écrire ; ils entraînent, ils capti-

vent; aussi beaucoup de leurs adeptes nous paraissent-ils excusables. Ils ont des vertus individuelles, beaucoup de vertus individuelles, mais pas de vertus politiques. Nous voudrions les excuser, mais agissent-ils de bonne foi? Il est permis d'en douter. Il en est en matière sociale comme en matière religieuse, un peu de savoir vous en éloigne, beaucoup de science vous y ramène. N'est-il pas clair, après tant d'essais, qu'il faut sacrifier ces gouvernements d'impasses et de pis-aller? Toutes les expériences n'ont-elles pas été faites, pour la République, à Athènes, à Florence, en la révolution de 1793, aux barricades de 1848, aux exécutions de 1880? Celle d'Amérique, seul essai d'une certaine

durée, est en train d'échouer. Que nou
est-il resté des Bonaparte, des Philippe,
de toutes ces restaurations avec leurs
constitutions écrites? Une idole fort ex-
cusable pour vous fut l'Empire. Il récla-
mait, il est vrai, de temps en temps, le
sang de vos enfants, ce qui n'est pas une
mince affaire. Mais le pain quotidien est
de nécessité primordiale ; Dieu nous a
fait une loi de le demander chaque matin. Bonaparte mit des enchères à vos
bestiaux et à vos grains ; l'épargne, su-
prême aspiration de celui qui produit
plus qu'il ne consomme, vint accroître
vos ressources ; Bonaparte devait être
un souverain émérite pour vous. Que
vous est-il resté de ce bruyant et luxueux
Empire? Ses accommodements aux idées

révolutionnaires l'ont fait trahir le Pape, et Dieu, qui triomphe toujours en dernier ressort, l'a terrassé en 1870. Princes libéraux, qui que vous soyez, qui voulez gouverner ici-bas, enseignez-vous et profitez de pareils exemples.

Le clergé, voilà bien entre tous, mes amis, votre meilleur conseiller. Vous avez là des hommes éclairés et dévoués, ces deux qualités essentielles des bons conseillers. Là point d'ambitions politiques ; le bon, le bien, d'ici-bas et d'en haut, voilà son unique aspiration. Vous n'aimeriez pas sans doute plus que moi, voir la soutane briguer toutes les places de la diplomatie et de la législature ; mais que j'aime à voir sortir, d'ici et de là, du scrutin d'une élection, un évêque tel que l'éminent évêque d'Angers, cet homme si éloquent, si complet en toutes sciences et si sûr dans ses jugements. La contrée soucieuse des intérêts de l'Eglise, mieux inspirée que ses voisines, qui a jugé que les causes catholiques ne peuvent être traitées sainement et équitablement par une chambre à moitié libre-penseuse et athée, en envoyant un évêque à la tribune, mérite les éloges de toute la France catholique. Grâce à son bon-sens et à son énergie, elle a rompu avec ce préjugé révolutionnaire qui va toujours son chemin : le clergé n'a rien à voir en politique. Le ministère sacerdotal n'oblige pas le prêtre à rester étranger à la politique. La vraie politique doit être basée sur la vérité ; la vérité doit toujours et partout être prêchée, le prêtre a mission de l'annoncer du haut des toits, elle résonne aussi bien à la tribune qu'à la chaire. Quand elle tombe de lèvres pures, de lèvres chastes, de lèvres arrosées chaque jour du sang de Celui qui a fait la vérité, que de grâces elle acquiert ! qu'elle devient difficile à dédaigner ! Je ne sache pas que les Lacordaire, les Freppel et autres députés revêtus des insignes et du caractère religieux, n'aient pas été aussi favorables à leur pays que les Gambetta, les Naquet, les Floquet et autres députés de même acabit. Puis, où trouverez-vous de meilleur ami du peuple que le prêtre ? Il est son ami au chevet de son lit, à ses derniers moments, où il lui apprend à bien mourir; son ami en vêtissant le pauvre, en tendant la main à toutes les nécessités de la vie. Gambetta a pourtant dit : Le prêtre, voilà l'ennemi. L'ennemi de la République peut-être, elle a acquis tant de titres à son inimitié ; ennemi des passions, du libertinage, de la débauche ; ennemi des jouisseurs, des crocheteurs, des communards, nous n'en doutons nullement. Il avait raison, Gambetta ; c'est bien le grand ennemi du jour. Tout ce qu'il est appelé à combattre est glorifié par les hommes du pouvoir.

Pauvre Gambetta, change un peu de conduite, sois moins jouisseur, oublie tes orgies du quartier latin, prends un peu plus de Dieu dans l'âme et le clergé ne te paraîtra plus l'ennemi.

Je veux aussi vous faire conseiller par ces anciennes familles de la noblesse, pour lesquelles vos pères avaient tant de vénération. Voilà une classe que depuis longtemps, depuis 1789, surtout, on vous exerce à mépriser souverainement. Dans les gouvernements faibles, enclins à l'anarchie, l'aristocratie est nécessairement un objet de dédain; la nature d'anémie ou de dissolution est en contradiction forcée avec le courage et la vertu qui fit l'ancienne noblesse. Personne n'ignore qu'originairement la terre fut livrée nue aux mains de ses habitants; l'épargne fut le point de départ de la propriété et par suite de la prépondé-

rancé des hommes les uns sur les autres ; de là la noblesse du sol. Ils surent
mettre les premiers un sou sur un sou,
ainsi de suite. Cette noblesse, née de
l'effort et de la vertu, est, comme vous
le voyez, fort respectable. Le soin de la
garde de ces biens si légitimement acquis
forma des hommes d'armes ; de là la
vertu militaire, qui enfanta la chevalerie
et créa la noblesse de l'épée. Voyez, mes
amis, que dans le principe cette noblesse
n'était pas si méprisable qu'on a voulu
vous le dire. Malgré certains abus que
la France lui a fait coûter trop cher,
malgré les humiliations inouïes et ini-
ques que la révolution sème partout sous
ses pas depuis 1789, elle conservera
toujours une partie de son prestige ; la

France catholique reconnaît qu'après l'Église elle fut de tout temps la meilleure gardienne de la foi. La campagne de 1870, à la suite de toute l'histoire de France, a témoigné qu'elle a su conserver le caractère essentiel de la vieille noblesse : savoir mourir. S'il est encore quelques fleurons de la vieille couronne à laver dans le sang, c'est de ses veines que jaillira le premier. Elle est l'élite naturelle de la France ; la bourgeoisie la remplace mal. Vingt millions de campagnards sont leur armée. Que j'aimerais à les voir imiter l'exemple de certains propriétaires du Bocage, qui passent la plus grande partie de leur temps au milieu de leurs fermiers. Je fus il y a quelques jours au château de Clisson, chez

M. le marquis de la Rochejacquelein ; je rencontrai le noble châtelain au milieu de plus de cent ouvriers occupés à divers travaux dans son immense parc. Il présidait à tout, commandait à tous avec bonté, allégeant la peine par son affabilité et son entrain ; chaque soir ravissait à la caisse des centaines de francs ; le salaire du travailleur allait réjouir l'âtre de la famille, et tous les marchands et fournisseurs des environs en avaient leur appoint. C'est ainsi que la noblesse redeviendra toute-puissante comme en son meilleur temps, par la clémence et la générosité. Il est temps de multiplier de pareils exemples ; que l'on profite de l'époque des élections ; que tous les nobles tombent un beau matin au milieu de leur

vieux castel de province. Le premier ré-
joui serait le pasteur qui lutte sans cesse,
mais qui est débordé ; il leur livrerait au
plus tôt tout son état-major. Les premières
visites seraient à la ferme ; ils offriraient
leurs amitiés aux fermiers, à leurs enfants
leurs caresses, et comme de notre temps
on ne peut compter sur rien sans argent,
ils remettraient quelque chose sur les
fermages, ajoutant à tout cela deux ou
trois réunions privées.

Là ils les assureraient de leur dévoue-
ment pour toujours. Ils les prennent
tous pour des dîmeurs, ils les persuade-
raient que le temps des privilèges est
passé, que le Roi n'en veut plus, qu'il
appelle à lui tous les hommes de bonne
volonté, que la mutation existe entre les

classes, que le Roi est tout prêt à ennoblir les déshérités de la fortune selon leur talent et leur vertu. Puis ils installeraient un châtelain au domaine, un cadet à l'armée, selon la nombreuse famille, un représentant dans toutes les nobles carrières, sans dédaigner la vocation religieuse, bien que Notre Seigneur ait accordé ses préférences à de pauvres pêcheurs. Le Roi a droit à tout cela d'eux, ou de les regarder comme des traîtres à sa couronne. Ils ont vingt millions de campagnards; quelle belle armée! Ils en sont l'état-major naturel, qu'ils viennent la guider. Alors le Roi, qui doit oser et que l'on presse d'audace, pourra sans témérité gravir les marches du trône.

Segré. — Imprimerie Martin-Guéret.

DERNIER AVIS

—

Electeurs des Campagnes,

Vous avez, contre l'ouvrier et le bourgeois des villes, renversé la république
de 48 à coups de scrutin.

Oseriez-vous faire grâce, dans les
élections prochaines, à celle de 1881 ?

Je ne vous croirai jamais assez ennemis de vous-mêmes, de votre religion et de votre patrie.

Sonnons donc dès aujourd'hui son glas.

Pensez-y bien.

Vous êtes les maîtres tout seuls.

J. BERTRAND.

La Ferrière.